Dichten als Quelle der Lebensfreude

Autor:
© 2008 Peter Georg Wuillemet
Heideweg 20
40789 Monheim am Rhein
Tel.:   02173 / 61641
E-Mail: Peter.Wuillemet@gmx.net

Dichten

als
Quelle der Lebensfreude

Gedichte

in Reim und Rhythmus

von

Peter Georg Wuillemet

Bibliografische Information der Deutschen Nationalbibliothek.
Die Deutsche Nationalbibliothek verzeichnet diese Publikation in der Deutschen Nationalbibliografie; detaillierte bibliografische Daten sind im Internet über http://dnb.d-nb.de abrufbar.

Herstellung und Verlag:

Books on Demand GmbH, Norderstedt

ISBN 9783837041262

Inhalt

Inhalt

Inhalt

Über 150 Gedichte in Reim und Rhythmus
(ab 10 Jahre)

Limericks, Sonette und andere Gedichte,
zumeist in humorvoller, hintergründiger
und selbstkritischer Art

Zunächst ist das Dichten ein Handwerk,
wobei ich mir nicht jeden Tand merk,
denn ich seh' es als Spiel,
und ich lerne noch viel,
wie ein Kind mit der Schaufel im Sandberg.

Nette Leute

Monheim

In Monheim hört man ein Gestöhne,
Männer leiden hier und Söhne.
Die Weiber sind voll jeck,
sie feiern am „Doll Eck",
bunt verkleidet als Hexen und Möhne.

Langenfeld

Es führte Frau Meier aus Langenfeld
in Monheim zum Arzt ihren bangen Held.
Er war nicht zu belehren
und kann sich nun nicht wehren,
da er sich vor Schmerz beide Wangen hält.

Leichlingen

Zum Rhein schlichen Burschen aus Leichlingen,
sie wollten durch unseren Deich dringen.
Doch sie haben's bereut,
denn wir fragen uns heut,
ob's richtig war, dass wir sie gleich hingen.

Witzhelden

Witzhelden im Bergischen Land
ist wegen der Helden bekannt,
die Witze nur machen,
um tot sich zu lachen.
Bisher hat man sie alle verbrannt.

Baumberger Auen

Am großen Strom mit seinem Altrheinbogen,
umrahmt von Auenlandschaft wie ein Garten,
als schien es schon Jahrhunderte zu warten,
hat uns ein Fischerdörfchen angezogen.

Wo Möwen tanzen auf des Stromes Wogen,
träum ich vom Wiesenschaumkraut, diesem zarten,
von Kräutern, Gräsern, Blumen aller Arten,
und Kormorane sind vorbei geflogen.

Noch kann ich durch die Auenlandschaft schreiten,
der Strom scheint sich schon wieder auszubreiten,
will er die Auen wieder überfluten?

Ich bin so froh, der Rhein ist wieder sauber.
Die Sonne spiegelt sich im Wolkenzauber,
als wollte sie mein Leben neu durchbluten.

MOLA am Rhein

Wo Bergisches Land zum Rhein hinab fließt,
wo himmlischer Segen ein langes Feld gießt,
dort hab ich mein Heim, ich fühle den Strom,
er kommt aus dem Süden, bringt Grüße vom Dom.

Die lauwarmen Winde, vom Süden so mild,
ich trage im Herzen ein herrliches Bild.
Es fließt ineinander, weil's niemanden stört,
ein Mo und ein La, was zusammen gehört.

Ein ganz neues Städtchen mit südlichem Charme
bereichert das Rheinland, macht Herzen so warm.
So taufen wir unsere neue Stadt schnell,
am Altrhein bei Baumberg, im Römerkastell.

Ich hoffe, ihr werdet mir dieses verzeih'n,
ich träum von der Hochzeit, von Mola am Rhein.

Abendspaziergang

Nur tausend Schritte bis zum Rhein,
vor Freude könnt ich schweben.
Stets holt mich die Romantik ein,
wo möchte ich noch lieber sein,
in meinem Erdenleben?

Die Kämpe liegt im saftigen Grün,
nun wird der Tag sich neigen.
Im Abendlicht, die Bäume glüh`n,
wo Vögel ihre Kreise zieh`n,
da lauschen wir und schweigen.

Ein Sträßchen führt uns durch die Au,
hier floß der Rhein vor Zeiten.
Und drüben sehn wir, grau in grau,
Haus Bürgel, alter Römerbau,
als wollt es uns begleiten.

Der Rhein zieht uns magnetisch an,
die Schritte werden schneller.
Passieren einen Wald, und dann
hält uns der Strom in seinem Bann,
um uns wird's wieder heller.

Um Baumberg (Lied)

Um Baumberg, wie in alten Zeiten,
da kann der Rhein sich noch ausbreiten.
Er steigt ins alte Bett so gern,
besucht wird er aus nah und fern.
Hier kannst du fein spazieren geh'n,
den Strom und Auenlandschaft sehn.

Und rings herum im alten Graben,
den wir ihm gelassen haben,
da dehnt der Rhein sich wie ein Meer,
drum kommen alle gerne her.
Hier kannst du fein spazieren geh'n,
den Strom und Auenlandschaft sehn.

Den Strom an sich schon zu betrachten,
Personenschifffahrt und die Frachten,
als Ausblick in die große Welt,
sogar den Jüngsten schon gefällt.
Hier kannst du fein spazieren geh'n,
den Strom und Auenlandschaft sehn.

Willst du aus alten Zeiten lernen,
brauchst du so weit dich nicht entfernen.
Haus Bürgel, Auenzierde hier,
erfüllt auch dir die Wissbegier.
Hier kannst du fein spazieren geh'n,
den Strom und Auenlandschaft sehn.

Sonnenuntergang

Ein Sonnenuntergang am Rhein,
der Himmel küsst die Erde.
Uns Menschenkinder lädt er ein,
damit nun Einheit werde.

Entfesselt sprüht der Feuerball,
will sich im Strom ergießen,
hell glitzernd, wie ein Wasserfall,
wir staunen und genießen.

Wie oft war unser Herz berührt,
das Bild hält uns gefangen,
und wie von Geisterhand geführt
sind wir zum Rhein gegangen.

Verliebte können das versteh'n,
sie fühlen dieses Feuer.
Weil sie nur mit dem Herzen sehn,
bleibt es ein Abenteuer.

Kopfweiden

Weiden in den Altrheinauen,
nach des Winters hartem Müh'n,
kleiden sich wie eitle Frauen,
stehen da im zarten Grün.

Rechts und links die beiden Schätzchen,
mit besonders hohem Schopf,
träumen von den Weidenkätzchen,
sie wiegen ihren schweren Kopf.

Ein Flechter sprach mit beiden Weiden:
Der grüne Schopf ist viel zu schwer,
wir wollen doch das Leiden meiden,
gebt mir die Pracht für Körbe her.

Nun sind die Weiden kahl geschoren,
der Flechter bietet Körbe an.
Sie fühlen sich wie neu geboren
und er verdient noch was daran.

Natur-Heilpfade

Heideweg

Am Heideweg wohnen auch Heiden,
sie scheinen sich nur zu verkleiden.
Sie machen sich fein,
tragen Heiligenschein.
Mehr Schein als Sein soll man meiden.

Moosweg

Am Moosweg, da wohnen auch Reiche,
im Garten sind Frösche und Teiche.
Und die haben viel Moos,
doch wann leben die bloß?
Zu viel Moos macht viele zur Leiche.

Fliederweg

Am Fliederweg blühte der Flieder,
das passiert jedes Jahr, immer wieder.
Ein Liebhaber wollte was klau'n,
da wurde er schrecklich verhau'n,
von Leuten, ansonsten ganz bieder.

Schlehenweg

Auf dem Schlehenweg ist es geschehen,
da lagen die Zehen in Wehen.
Zu hoch waren die Schuh
und das Gewicht kam dazu.
Nun konnte Madam nicht mehr gehen.

Distelweg

Auf dem Distelweg stach eine Distel
einem Mädel ins hintere Kistel.
Sie hat furchtbar geschrie'n,
doch das sei ihr verzieh'n,
denn seit Monaten quält sie ne Fistel.

Die Eroberung

Als Haus Bürgel, das alte Römerkastell,
linksrheinisch zu Zons noch gehörte,
kam ein wilder Germane im zottigen Fell,
an den Strom, weil das Ganze ihn störte.

Erst kurz vor dem Wasser, da machte er halt,
ein Zauberer braucht nicht zu schwimmen.
Außerdem war ihm das Wasser zu kalt,
und dann hörte er südliche Stimmen.

Unter dem Lindenbaum, auf einem Berg,
wollte er erst die Lage durchdenken.
Dann machte er sich an sein Zauberwerk,
den Wasserlauf umzulenken.

Der Rhein floss dann wirklich im anderen Bett,
und so konnt' er die Römer verjagen.
Das finden bis heute die Römer nicht nett,
so hörte ich jüngst jemand klagen.

Zum Andenken an diesen wilden Gesell,
und wie er die Römer erschrocken,
gehört uns noch heute das Römerkastell,
das verkünden die Baumberger Glocken.

Wem gehört die Auenwiese?

Am Rhein auf einer Wiese stehen Pferde.
Die Auenwiese saftig, frisch und grün,
und hundertfach gehäufte, frische Erde,
ein Maulwurfrudel scheint sich zu bemüh'n,
den Pferden ihre Grenzen aufzuzeigen:
Die Wiese ist noch lang nicht Euer Eigen.

Im Untergrund der Wiesen gibt es Ecken
und Höhlen mit so manchem Maulwurfkind.
Ernähren sich von Würmern, Wurzeln, Schnecken,
weil sie die besten Höhlenbauer sind.
Und während sie die Hügelkette bauen,
kann ich nur ganz andächtig staunend schauen.

Die Pferde kennen wohl der Haufen Tücken,
im Bogen weichen sie den Hügeln aus,
und während sie sich schnell zum Hof verdrücken,
kommen aus den Hügeln Tiere raus,
die sich nun in die Abendsonne legen,
um ihren wohlig warmen Pelz zu pflegen.

Ein Maulwurfhügel ist ein kleines Wunder,
und jeder gleicht dem andern, wie ein Ei.
Die Erde hebt sich an, wird rund und runder,
kein Maulwurf sieht den Anderen dabei.
Diesen Schwerstarbeitern, ständig untertage,
gehört die Wiese, ist doch keine Frage.

Der Posthorn-Weg

Wir radeln rings um Langenfeld,
nach einem Posthorn-Zeichen,
und was besonders gut gefällt,
es gibt nicht Seinesgleichen.

Fast vierzig Kilometer lang,
manch Dörfchen schauen wir uns an,
wie Perlen an der Kette.
Auch „Berge" sieht man hier zuhauf,
so nimmt der Rundweg seinen Lauf,
tangierend sieben Städte.

Wo er den alten Rhein berührt,
und man die alten Zeiten spürt,
da schreib ich meine Zeilen.
Segelflieger sind zu sehn,
Wasserski auf Baggerseen,
und Wiesen zum Verweilen.

Zwei Schlösser treten stark hervor,
Heideland und auch ein Moor,
passieren viele Brücken.
Durch Felder geht es und durch Wald,
so radeln wir und machen Halt,
manchmal zum Beerenpflücken.

Zum Abschluss fahren wir zum Rhein,
die Rheinterrasse lädt uns ein,
weil wir in Baumberg wohnen.
Gewonnen hat, wer mit uns fährt,
er wird mit einem Preis geehrt,
denn Radeln soll sich lohnen.

Über das Dichten

Handwerk

Zunächst ist das Dichten ein Handwerk,
wobei ich mir nicht jeden Tand merk,
denn ich seh' es als Spiel
und ich lerne noch viel,
wie ein Kind mit der Schaufel im Sandberg.

Kein Reim

In Reim und in Rhythmus zu schreiben,
das lassen die „Dichter" heut bleiben.
Sie sind lieber abstrakt,
bis der Wahnsinn sie packt
und sie stammelnd ihr Unwesen treiben.

Der Limerick

Ich will nun den Limerick lernen,
mich nicht weit vom Schema entfernen,
denn fast jeder Autor,
schafft mit etwas Humor,
diesen Griff, der sich lohnt, nach den Sternen.

Schreibwut

Denk an unsern Rhein und sein Treibgut,
so macht mir zum Schreiben mein Weib Mut.
Ganz egal was man treibt,
niemand weiß, wo es bleibt.
Doch dann packt mich mal wieder die Schreibwut.

Das Denkmal im Auenwald

Im Tageblatt berichtet und bebildert,
vom Denkmal für den braven Förster Kleinn.
Der setzte für den Graf sein Leben ein,
weil man in dessen Auenwald gewildert.

Von Sündern und Gerechten wird geschildert.
Wieso gehört der Wald dem Graf allein?
Ist Ungerechtigkeit nicht auch gemein?
Die böse Tat wird hierdurch nicht gemildert.

Solange wir den Egoismus pflegen,
bleiben unsre Herzen hart und kalt.
Das Böse wird sich ständig in uns regen,

vor nichts und niemand macht das Böse halt.
Nur Teilen ändert diesen Fluch in Segen,
das sagt mir dieser Stein in unserm Wald.

Doktor Drahtesel

Fast täglich radeln wir 'ne gute Stunde
den Altrheinbogen an den schönen Rhein.
Wir lieben diese altbekannte Runde,
sie ist ein Teil von unserm Glücklichsein.

Ein bisschen Sport heilt jede Alltagswunde,
vergessen sind die vielen Zipperlein.
Fröhlichkeit reicht uns die Hand zum Bunde,
verflogen ist auch manche Seelenpein.

Besonders für das letzte Lebensdrittel,
erscheint mir Doktor Drahtesel bestimmt.
Viel besser als die vielen weißen Kittel,

weil er die Seele und den Körper trimmt.
Das Radeln ist für uns ein Lebensmittel,
solange noch ein Funke in uns glimmt.

Kamille

Als Unkraut sehen Menschen die Kamille,
sie wuchert gerne im Getreidefeld.
Doch dass man sie ganz hoch in Ehren hält,
ist sicherlich des klugen Schöpfers Wille.

Der Mensch greift viel zu schnell zu mancher Pille,
sie werden in Fabriken hergestellt
und kosten in der Regel sehr viel Geld.
Was wirklich hilft, wächst meist in aller Stille.

Bei der Kamille möchte ich verweilen,
weil ich mit ihr so viel erfahren hab.
So manche Wunde konnte sie mir heilen,

ich hoff, sie hält mich bis zuletzt auf Trab.
Das habe ich euch jetzt schon mitzuteilen,
drum pflanzt mir nur Kamille auf das Grab.

Die Schwanenfamilie

Schon lange war das Schwanenpaar zusammen,
im Frühjahr sahen wir sie auf dem Nest.
Was war das eines Tages für ein Fest,
als Schwanenküken auf dem Wasser schwammen.

Ein fünftes Küken saß auf Mutters Rücken,
nach ein paar Tagen waren es noch vier.
Doch diesen Anblick, den genossen wir,
besuchten sie fast täglich mit Entzücken.

Bis in den Herbst, ein Hoffen und ein Bangen,
um die uns liebgewordene Schwanenschar.
Nun sind sie groß, sind ihren Weg gegangen,

für uns war es ein wunderschönes Jahr.
Annette hat die Szene eingefangen,
ein Bild gemalt, ich find es wunderbar.

Harte Berufe

Der Kunstschmied

Ein Schmied machte kunstvolle Eisen,
doch er kam nicht zurecht mit den Preisen.
Heute lebt er von Schrott
mit viel Hohn und viel Spott
und als Künstler in vornehmen Kreisen.

Der Bildhauer

Ein Bildhauer wollte ein Schild klau'n,
auf dem konnte man heimisches Wild schau'n.
Er war wütend und wild,
dann verdrosch er das Schild,
denn er wollte auch einmal ein Bild hau'n.

Der Schmied

Der Meister tobt, du Jammerlappen,
denk an das Handwerkskammerwappen.
Als der Schmied dann verschied,
sang der Lehrling das Lied:
„So was kann nur mit dem Hammer Klappen."

Der Schmiedelehrling

Der Meister zu dem Lehrling: „Du,
erst wenn ich nicke, schlägst du zu."
Der Lehrling war ja brav,
der Zuschlaghammer traf
und der Meister hat endlich seine Ruh.

Die schmerzliche Lücke

Die schlimmste Lücke hat er hinterlassen,
als hätte man das Herz ihr rausgerissen.
Seit Tagen nimmt sie kaum noch einen Bissen,
es ist so schlimm, sie kann es noch nicht fassen.

Der schlimme Kerl, den kann sie nur noch hassen,
sie weint ganz still des Nachts ins Federkissen.
Von ihrer Freundin will sie gar nichts wissen,
bleibt zu Hause, scheut die Menschenmassen.

Beinahe hätt' sie alles hingeschmissen.
Die Freundin schrieb: „Du hast nicht alle Tassen,
bevor wir uns von dieser Welt verpissen,

wollen wir noch einiges verprassen".
Der Zahnarzt sagte ihr ganz dienstbeflissen:
„Gleich ist's vorbei, die Zahnprothesen passen".

Schrottkunst

Der Krieg hinterließ uns ein schreckliches Erbe,
ich sah schon als Kind soviel Schrott überall.
Wenn Schrotthändler riefen, wir leerten den Stall,
das war wohl für sie ein lohnend Gewerbe.

Heut macht man uns vor, es sei Edelmetall.
Schrotthaufen blühen, auf dass die Kunst sterbe.
Der Teufel bemüht sich, dass alles verderbe,
verführt uns zu Schrottkunst und Sittenverfall.

Was ich hier behaupte, das kann ich beweisen,
als „Kunstwerke" findet man rostige Eisen,
auf verschiedenen Plätzen in unserer Stadt.

Ein Irrer, der Schrott für moderne Kunst hält,
die „Künstler" hofiert und zahlt sehr viel Geld.
Ich frag mich, wer das zu verantworten hat.

Der Schrott-Künstler

Er schmiedete jahrelang kunstvolle Eisen,
von niemand beachtet, war er bald bankrott.
Belächelt, gehänselt in all seinen Kreisen,
für solche Art Kunst hat man heute nur Spott.
Seitdem seine Werke im Garten verrosten,
fragt man ihn ständig: „Was soll'n die denn kosten?"

So schweißte er all seine Werke zusammen,
schrieb auf einem Blech die phantastische Zahl.
Die drohende Pleite ließ ihm keine Wahl,
das Schild mit dem Pfahl in die Erde zu rammen.
Das Stadtoberhaupt, sehr gescheit und modern,
schrieb ihm, er zahle den Preis liebend gern.

Nun kann man das heimische Kunstwerk bestaunen,
als Untier der Urzeit in unserem Park.
Geladene Gäste hörten wir raunen:
„Solch eine Schrott-Kunst, die finden wir stark"
Der Schrott-Künstler freut sich, er hat nun erkannt:
Nur Schrotthaufen werden heut „Kunstwerk"
genannt.

Gute Freunde

Alleine saß ein Freund in unsrer Schänke,
ich kam hinzu, wir tranken ein paar Bier.
Er sagte: „Mir ist schlecht, zahl die Getränke."
„Ist gut, mein Freund, ich bleib noch etwas hier."

Herr Ober, rief ich bald, ich möchte zahlen.
„Nun, dreiundsiebzig Euro macht es heut."
Ich zuckte nur, bezahlte unter Qualen,
er hat sich übers Trinkgeld sehr gefreut.

Als ich dem Freund die Rechnung präsentierte,
sah er mich nur unsagbar traurig an.
Er schüttelte den Kopf, bis ich kapierte,
dass er sich wirklich nicht erinnern kann.

„Der Trick ist alt, ich will ihn dir verzeihen,
doch zeig mal her, ich kann dir etwas leihen."

Lyriker auf Reisen

Eifel

Dass es lohnt, in die Eifel zu reisen,
ist in Jünkerath leicht zu beweisen.
Im Museum vor Ort
lernt ein jeder sofort,
viele Dinge aus Eisen zu preisen.

Jünkerath

Nach Jünkerath floh einst ein Junker,
die Taschen voll Münzen und Klunker.
Diese Raubritter-Beute
wird gehütet bis heute,
versteckt, in einem römischen Bunker.

Nettersheim

Vor dem Zentrum in Nettersheim, Eifel,
steht in Holz der leibhaftige Teufel.
Dass er nachts von der Urft
in die Wohnungen schlurft,
gibt's für mich überhaupt keinen Zweifel.

Hermeskeil

Liebe Hermeskeiler und -Bachen,
mit Protest ist hier gar nichts zu machen.
Auch in Monheim am Rhein
kann kein einziges Schwein
über unsere Scherze noch lachen.

Ein Höllenschmerz

Die Hexe hat mich wieder mal getroffen,
ihr Schuss ging diesmal in mein linkes Bein.
Der „Hexenschuss" muss aus der Hölle sein,
denn diese sah ich heut' Nacht wirklich offen.

Ich schlich zum Arzt, frühmorgens wie besoffen
und dachte nur, jetzt gehst du daran ein.
Der Doktor lächelte zu dieser Pein,
doch nach der Spritze konnt' ich wieder hoffen.

Wie himmlisch ist das Leben ohne Schmerzen,
das spürt man erst nach solcher großen Not,
ganz dankbar wird man gleich, von ganzem Herzen,

für ein Glas Wasser, eine Schnitte Brot.
Schon konnt' ich wieder trotz der Schmerzen
scherzen,
und Freude schlich sich ein im Morgenrot.

Hexenschuss und Niesattacken

Hab ich geniest und es genossen,
ist stets die Nase wieder frei.
Doch manchmal
wenn die Hex geschossen,
folgt jedem Nies sofort ein Schrei.

Die Abwehr gegen Schmerz im Rücken,
verhindert jeden Niesgenuss.
Ich geh dann krumm,
kann mich nicht bücken,
wieso nennt man das Hexenschuss?

Bei Allergie mit Niesattacken,
am liebsten ich im Bette lieg,
denn will die Hex mich auch noch packen,
tobt hinten zwischen Po und Nacken,
ein ganz fürchterlicher Krieg.

Keine Zeit mehr

Vier Bilder malte er in grellen Farben,
die Jahreszeiten lagen ihm im Blut.
Das Wesentliche traf er wirklich gut,
ob Sturm, ob Kälte, Blumen oder Garben.

Die Kunstexperten ihn sehr heiß umwarben,
zum Weitermalen machte man ihm Mut.
Den Schlusspunkt setzte er mit großer Wut,
weil Not und Elend ihm die Lust verdarben.

Erst schnitt er seine Bilder in vier Teile,
um seine teuren Rahmen tat's ihm leid.
Vier neue machte er daraus, in Eile,

dann war es aber auch für ihn so weit.
Heut liest man über ihn so manche Zeile,
doch er hat nun für niemanden mehr Zeit.

Frau am Grab

Ach, hätt ich doch die Streiterei vermieden,
nun sagt er mir auf seine Art ade.
Ein solcher Abschied tut besonders weh,
ganz neue Pläne würd ich mit ihm schmieden.

Er hat sich für die Ewigkeit entschieden,
das Irdische ist nun für ihn passe.
Ich hoff, dass ich ihn einst mal wiederseh.
Nun ruht er hier, ich denk, in Gottes Frieden.

Sein Tod zwingt mich, darüber nachzudenken,
ob diese Erdenzeit hier alles ist,
ob es sich lohnt, den Geist auf Gott zu lenken,

dass er auch meine Seele nicht vergisst.
Nun bitt ich täglich Gott, mir das zu schenken,
was er im Irdischen so hat vermisst.

Der Rasenmäher-Roboter

Mein Nachbar, der auf neueste Technik schwört,
versäumt es nicht, sich ständig aufzublähen.
Es macht ihm Spaß, bei andern Neid zu säen,
wobei er mit viel Krach die Nachbarn stört.

Nun kann er sogar sonntags Rasen mähen,
mit seinem Roboter, den man kaum hört.
Die Nachbarn ärgern sich und sind empört,
wenn sie den „Sabbatschänder" nur erspähen.

Ich muss mich jedes Mal zusammenreißen,
er lachte über meinen Haufen Gras:
„Bald haben sie genug, um rein zu beißen",

wobei er laut zu lachen nicht vergaß.
Den nächsten Schnitt will ich ihm rüberschmeißen,
und frage ihn: „Verstehen sie auch Spaß?".

Im Sprudelbad

Benebelt lag ein fauler Hund im Sprudelbad,
es duftete nach Mohn und süßen Mandeln.
Da schien er sich im Geiste zu verwandeln,
wie es dereinst bei Faust der brave Pudel tat.

Als eine Fee beschwingt aus dem Gedudel trat,
die nicht versäumte mit ihm anzubandeln,
(es muss sich wohl um seine Liebste handeln),
so träumte er verzückt von seiner Trudel grad.

Das Dampfbad schien die Triebe aufzuwühlen,
das Blubbern die Gedanken zu verwirr'n,
Schweißtropfen perlten sich auf seiner Stirn.

Das Bad begann nun langsam abzukühlen,
der Abfluss sich schon wieder freizuspülen,
der Alltag zog vergnügt in sein Gehirn.

Schnapsideen

Eierlikör

Obwohl sie die Feier nie hör,
sagt sie, dass die Leier sie stör.
Doch nun leiert sie mit
und sie steigern zu dritt
den Umsatz von Eierlikör.

Klarer

Obwohl wir auf Dienstreise waren,
trank ich mit Ostfriesen gern Klaren.
Dass der schmeckt war mir klar,
doch ob ich es noch war,
weiß ich nicht mehr, ich musste noch fahren.

Killepitsch

Der Willi Busch hatte den Willen,
mit Killepitsch böse Bazillen,
woran die Gedanken
der Menschen erkranken,
ganz heimlich im Stillen zu killen.

Rabatz um Schnaps

Sie wanderten gerne gemeinsam,
am liebsten im Wald, wo es einsam.
Heute macht sie Rabatz,
denn er trinkt nur noch Schnaps,
und seit einiger Zeit ist sein Bein lahm.

Wo ist die Zeit

Ins Ungewisse ist die Zeit verschwunden,
der Alltag frisst sie auf, du bist gestresst,
verzweifelt schaust du auf den kleinen Rest,
der voller Narben, voller alter Wunden.

Du hast geträumt von wohlig warmen Stunden,
von einem lebenslangen frohen Fest,
von Körperwärme, wie in einem Nest,
heut fragst du dich, was hast du denn gefunden?

Die schöne Zeit ist einfach nicht zu halten,
du spürst, dass sie wie Kerzenwachs zerrinnt,
schaust in den Spiegel, siehst dort einen Alten,

vorgestern sahst du noch ein frohes Kind.
Wann kommt er nur, die Zeituhr abzuschalten,
ist das was nachher kommt mir wohlgesinnt?

Novemberwinde

Bis in den Nachmittag hat's heut gegossen.
Danach sind wir gemeinsam, unbefangen,
liebend gerne an die frische Luft gegangen,
als der kalte Regen endlich abgeflossen.

Kühle streichelt zärtlich unsere Wangen,
aufgeweichte Wege gehen wir, unverdrossen,
durch Novemberwinde, die wir schon genossen,
als wir noch jung und über Gräben sprangen.

Und immer wieder finden sich die Hände,
wie sie sich stets von Jugend auf gefunden,
dass eine Hand der andern Wärme spende.

Denn die schönste unserer schönen Stunden,
verbringen wir gemeinsam, fest verbunden,
in der Hoffnung, dass sie nie ein Ende fände.

Drei Rätselworte

Dies Rätsel ist ein echter Leckerbissen,
das Wesentliche steckt in jedem Baum.
So manchen Wesen wird es hingeschmissen,
für andere wird es zum bösen Traum.

Doch wendest du den Kopf, dann wirst du's wissen,
ein frischer Wind weht nun durch diesen Raum.
Das letzte Wörtchen wirst du noch vermissen,
und ohne Köpfchen findest du es kaum.

Denn ruhig schläfst du nur auf einem Kissen
mit weichen Gänsefedern, oder Flaum.
Hast du das Blatt verzweifelt schon zerrissen?,
oder hältst du deine Nerven noch in Zaum?

Wer's weiß, erleichtere nun sein Gewissen,
die Worte lauten: Bissen – Wissen – Kissen.

Mein Gott, nur zwei Worte

„Charade", Goethes Worträtsel zu lösen,
hat er der Nachwelt gerne überlassen.
Und wer den Sinn der Worte will erfassen,
der löst sich erst vom eignen inneren Bösen.

Denn während viele Menschen angetreten,
um im Verstand und in der Schrift zu suchen,
fangen viele hiermit an zu fluchen,
anstatt sie zu benutzen, um zu beten.

Mein Gott, was suchen Menschen diese beiden
Worte, deren Inhalt sie nicht finden.
Sie wissen zwar, sie müssen sich entscheiden,

jedoch den Widerstand zu überwinden,
das wollen sie auf jeden Fall vermeiden,
weil sie das Wort mit Unfreiheit verbinden.

Kunsthandwerk

In Aalen

Es wollte ein Künstler aus Aalen
ein lebendes Krokodil malen.
Ein unfertiges Bild,
denn das Tier wurde wild,
und der Maler verstarb unter Qualen.

In Berlin

In Berlin sah ich ganz viele Bären,
bunt bemalt wollten die mir erklären,
dass das Leben im Lot,
weil der Bruno nun tot.
Tote Bären, die lässt man gewähren.

In Glatten

Es wollte ein Künstler aus Glatten,
berühmt werden mit vielen Ratten.
Ein unheimlicher Zug,
denn man sah und erschlug
alle Ratten in Glatten mit Latten.

In Emden

Es bügelte Emma aus Emden
für andere Leute die Hemden.
Doch weil sie aus Prinzip
wieder mal übertrieb,
ging ihr eigener Mann zu 'ner Fremden.

Ins Poesiealbum

„Schreibst du mir schnell mal eben etwas Nettes,
hier in mein Poesiealbum hinein?
Was dir so einfällt, glaube mir, ich hätt' es
am allerliebsten nur für mich allein."

Die große Angst, dass man jetzt etwas stehle,
macht starr und steif, wie ein Geäst im Frost.
Der freie Geist des Dichters mag Befehle
wie pures Gift, wie ungesunde Kost.

Meist sind es unsre Liebsten, die so quälen,
sie sehn stets nur das fertige Gedicht,
wobei die Dichterängste gar nicht zählen,
und auch den Zeitaufwand erkennt man nicht.

Und ist trotz allem dir etwas gelungen,
sind alle schlimmen Ängste schnell verklungen.

Die böse Reimsucht

Wie oft bin ich des Nachts schon aufgewacht,
hab dann, bevor ich etwas nur sortiere,
wobei ich mich zumeist vergaloppiere,
das geträumte Chaos zu Papier gebracht.

Bis ein Gedicht erstrahlt aus dem Geschmiere,
kämpfe ich in einer Wörterschlacht.
Die Verse werden sorgsam wohldurchdacht
und gut sortiert, dass ich mich nicht blamiere.

Anstatt das Chaos einfach festzuhalten,
was ich im Traum erlebe, fliegend und halbnackt,
gefeiert würde ich dann als abstrakt,

gehöre ich doch leider zu den Alten,
die vor dem Schreiben das Gehirn einschalten,
so dass mich jedes Mal die böse Reimsucht packt.

Lebenslüge

Heiße Küsse auf entgleiste Züge,
versteinert wirkt der Liebsten Angesicht.
Freiheit schmeckt wie jene Lebenslüge,
harte Traurigkeiten weichen nicht.

Abschiedsworte, haltloses Gestotter,
der Zug läuft ein, im Inneren Protest.
Herzen brennen, Züge fahren flotter,
auf dem Bahnhof halten sie sich fest.

Er reißt sich los und sagt: „Bis in vier Wochen",
sie sind sich einig, Freiheit heißt das Glück.
Ihr Herz rast mit dem Zug, die Räder pochen,
verzweifelt bleibt sie traurig, stolz zurück.

Im nächsten Monat wird es sich schon zeigen,
die Angst, ihn zu verlieren, ließ sie schweigen.

Lebensreise

Schaust du wie ich gern auf die Lebensreise,
ob du im Herzen noch vor Sehnsucht brennst,
im Augenblick das wahre Glück erkennst,
oder wartest du auf Lorbeeren und Preise?

Mit dem Gefühl, du drehst dich nur im Kreise,
weil du das Falsche nicht beim Namen nennst,
dich nicht so leicht von altem Plunder trennst,
wirst du erstarren und so niemals weise.

Nur wer was Neues in sein Leben lässt,
das ihn befreit von materiellen Dingen,
egal wie kurz der Lebensreise-Rest,

wird die Lebensreise weiterhin gelingen,
der wird ganz innen Gott ein Loblied singen,
und feiert fröhlich jeden Tag ein Fest.

Gruß aus Solingen

Messer

In Solingen fertigt man Messer,
unentbehrlich für Mörder und Esser,
denn Böses und Gutes
lässt man, oder tut es,
doch das Messer wird davon nicht besser.

Klingen

In Solingen prüft man die Klingen
wie leicht und wie tief sie eindringen.
Doch man braucht viele Helden,
die sich freiwillig melden,
für den Test, über Klingen zu springen.

Vogelpark

Es wollte Frau Klose aus Solingen,
ihr'n Vogel ganz gern in den Zoo bringen.
Doch der Zoo nahm ihn nicht,
weil er singt anstatt spricht,
und so muss er des Nachts auf dem Klo singen.

Die Brücke

Großartig diese Müngstener Brücke,
jedoch hat die Brücke auch ihre Tücke.
Mancher lernt hier fliegen,
die Schwerkraft besiegen,
doch bei der Landung zerreißt's ihn in Stücke.

Die Ehe

Wenn Partner sich als Sexobjekt missbrauchen,
den Andern nur für den Bedarf begehren,
sich nicht um dessen Seelenleben scheren,
wird jeder Sinn der Ehe bald verrauchen.

Den Lebenspartner ständig zu verehren,
anstatt bei Schwierigkeiten wegzutauchen,
ihm immer wieder Liebe einzuhauchen,
wird Treue und das Glücksgefühl vermehren.

Wo beide gerne auf den Andern hören,
ganz ohne Forderung nach dessen Pflicht,
braucht niemand einen Treueschwur zu schwören,

ein solches Ehepaar braucht kein Gericht.
Kein Unheil wird ein solches Glück zerstören,
hier zeigt die wahre Liebe ihr Gesicht.

Die Betrogene

Ein Leben lang stand sie nur in der Küche,
bediente ihre Herren im Salon.
Drei Ehen mit drei Typen, die nur Sprüche
klopften, und mit Herzen wie Beton.

So gingen ihre Ehen in die Brüche,
auch der verwöhnte Sohn kannt' kein Pardon.
Es fehlten stets der Liebe Wohlgerüche,
ihr Seelenheil verlangte ein Bonbon.

Noch einmal wurde sie ganz heiß umworben,
und jeder Tag mit ihm war wie ein Fest.
Doch auch des Schmeichlers Seele war verdorben,

der schlich sich nur in ein gemachtes Nest.
Am „guten Essen" ist sie nun gestorben,
er erbte viel, gab ihr dafür den Rest.

Der Urschrei

Ein Waldspaziergang, wunderschöne Stunden
mit meinen Brüdern, Vater war dabei.
Der Jüngste dann im Unterholz verschwunden,
und plötzlich dieser fürchterliche Schrei.

Wir nahmen Stöcke, liefen mit den Waffen
durchs Unterholz und brüllten wie die Affen,
denn dieses Untier mussten wir bezwingen,
um unsren Jüngsten heil nach Haus zu bringen.

Da stand der Kleine, mit gespreizten Händen,
in Angst erstarrt, als würd' sein Leben enden,
wie ein ertappter Sünder vor Gericht,
ein Spinnennetz vor seinem Angesicht.

Den Urschrei kann ich wirklich nicht vergessen,
und meine Angst vor Spinnen niemand messen.

Die Spinne

Im Bett lag ich, todmüde und zerschlagen,
mich zu bewegen, konnte ich nicht wagen,
denn über mir, am Faden eine Spinne,
ihr Anblick lähmte mich und meine Sinne.

Sie zögerte, sich gänzlich abzuseilen.
Wie eingewickelt, starr musst' ich verweilen,
wobei mein Blut zäh durch die Adern floss.
Ob sie die Angst des Opfers wohl genoss?

Ich fühlte mich sehr elend und alleine.
Da spürte ich die Haare ihrer Beine
auf meiner Nase, die zu Eis erstarrte.
Ich hoffte, dass ein böser Traum mich narrte.

Als mich dann ihre dunklen Blicke trafen,
bin ich wohl vor Erschöpfung eingeschlafen.

Bunte Falter

Im Sommerflieder schwirren wieder Falter,
wie lustige Gedanken, hin und her.
Sie feiern fröhlich ihre Wiederkehr,
als Gruß von ihrem Schöpfer und Gestalter.

Gedanken schwirren um den Allverwalter,
Alltagssorgen wiegen nicht so sehr.
Nur kleine Dinge sind's in meinem Alter,
die meiner Seele wohl tun, immer mehr.

Wo Herzen für die bunten Falter brennen,
und Seelen für die Freude offen sind,
da lernen wir noch neues Leben kennen.

Wo Schmetterlinge tanzen mit dem Wind,
darf der Mensch sie Gottes Boten nennen,
wenn er die Botschaft aufnimmt wie ein Kind.

Fleißiges Lieschen

Ich kenne ein Mädchen
mit samtweicher Haut.
Ein rosa Gesichtchen,
das unschuldig schaut.

Sie ist so bescheiden,
nicht gerne im Licht.
Nur zu grobe Hände,
die mag sie doch nicht.

Sie trägt durch den Sommer
ein tiefgrünes Kleid.
Verschenkt stets nur Freude,
sie blüht und gedeiht.

Wir sammeln den Samen
und sind schon verliebt,
in die fleißige Lieschen,
die es nächstes Jahr gibt.

Leckereien

Apfeltorte

Ein Kuchen ganz besonderer Sorte
war die beschwipste Apfeltorte.
Sie bot mir ihren Rausch
ganz ungehemmt zum Tausch,
denn nach der Torte fehlten mir die Worte.

Bienenstich

Süße Bienen liebe ich von Herzen,
hör die Sticheleien und das Scherzen,
dass nach dem Bienenstich,
denn den genieße ich,
die Bäuche schwellen und die Herzen schmerzen.

Zwiebelkuchen

Es schmeckt im Herbst, wie jeder weiß,
zum Zwiebelkuchen Federweiß.
Ein Stück fiel auf die Schuh,
sah aus wie von der Kuh,
denn sie bestimmt den Lederpreis.

Sauerbraten

Ich sah beim Bier vier Bauer skaten,
sie freuten sich auf Sauerbraten.
Dann gelobten die Vier,
jede Woche sind wir hier.
Was sie wirklich auch auf Dauer taten.

Gutes und Böses

Der freie Geist des Menschen birgt die Schätze,
die ihn beflügeln, beides zu durchdenken.
Wohin wir unsre Schritte letztlich lenken,
ermöglicht dieser Geist durch Gegensätze.

Warum sehn wir im Anderen den Bösen,
obwohl er doch in jedem von uns steckt?
Auch scheinbar weiße Westen sind befleckt,
was kann uns nur von diesem Fluch erlösen?

Die alte Botschaft scheint uns sehr verschlissen,
weil sie so einfach und zu simpel klingt.
Obwohl wir unser Seelenheil vermissen,

wollen wir nicht, dass sie in uns dringt.
Verlassen uns nur auf modernes Wissen,
was uns sehr viel, doch keinen Frieden bringt.

Leichenfund

Sein Rehlein mit dem schönen weichen Mund
war auch vom Förster nicht sehr lang zu halten.
Sie flirtete mit Jungen und mit Alten,
verließ ihn mit dem jungen, reichen Spund.

Doch eines Tages, tief im Eichengrund,
als wieder mal zur Jagd die Büchsen knallten,
zum Dank ließ er am Schluss die Hände falten,
da machten sie den bösen Leichenfund.

So kam die Wahrheit doch ans Tageslicht,
ein schönes Reh muss sich vor Förster hüten.
Und wehe, wenn sie ihm das Herze bricht,

da kann der frömmste Förster schrecklich wüten.
Ja, dieser tat viel mehr als seine Pflicht,
wie's endete, da rüber kann man brüten.

Apfeltorte „beschwipst"

Ein Apfelkuchen ganz besondrer Sorte,
mit süßer Sahneschicht und Zimt bedeckt,
die Zunge meldet, dass er köstlich schmeckt,
als schwebe sie durch eine Himmelspforte.

Vorzüglich, die „Beschwipste Apfeltorte",
mit Apfelstückchen, eingelegt in Sekt,
die ihren Rausch so wunderbar versteckt,
begeistert suche ich die rechten Worte.

Mit Apfeltorte kann man mich verführen,
ein sektgetränkter Apfel macht mich schwach.
Zwei Seelen, die sich inniglich berühren,

und längsterloschne Triebe werden wach,
um himmlische Vereinigung zu spüren.
Den Traum hält nur die Wirklichkeit in Schach.

Apfelmarkt

Von allem Obst will ich den Apfel küren,
weil er gesund erhält und einfach schmeckt.
Das hat man schon im Paradies entdeckt,
beim Anblick ein Verlangen heiß zu spüren.

Doch manchmal sollte man ihn nicht berühren.
zu spät wird' oft gemerkt, was in ihm steckt.
Was jener Mensch, der ihn dir reicht, bezweckt.
Zu welcher Untat will er dich verführen?

Nehm' ich mir vor, heut Äpfel heim zubringen,
geh ich vergnügt über den Apfelmarkt.
Probier mal hier, mal dort, will nichts erzwingen,

so mancher wurde danach eingesargt,
und kann im Himmel dann ein Liedchen singen,
von Herzen, die am falschen Markt geparkt.

Das Kind war ich !

(Zu Goethes Gedicht: Die wandelnde Glocke)

Was Goethe von der Glocke schrieb,
das ist ein dicker Brocken.
Gedacht war es als Seitenhieb,
auf Menschen, die der Teufel trieb,
und manches Kind erschrocken.

Das Kind war ich, ich wollte nie
zur Kirche mich bequemen.
Dort zwang man Kinder auf die Knie,
doch sonntags hatt' ich Allergie,
um nicht dran teilzunehmen.

Wir gingen lieber in den Wald
und sangen unsre Lieder.
Das merkte der Pastor schon bald,
er strafte mich sehr hart und kalt,
doch ich tat's immer wieder.

Wer Kinder in die Kirche zwingt,
der hat noch nichts verstanden.
Nur wer mit Freude Lieder singt,
den Kindern seine Liebe bringt,
der wird im Himmel landen.

Locken, nicht schocken

Statt Fromme zur Kirche zu locken,
mit schönen gut klingenden Glocken,
versucht man die Andern
beim fröhlichen Wandern,
mit wandelnden Glocken zu schocken.

Meine Lebensstufen

Die Stufen einer Treppe sind meist breiter
und tiefer als die Sprossen einer Leiter.
So sehe und vergleiche ich mein Leben
mit schmalen, morschen Hühnerleiterstreben.
Auf diesen kann man, wie wir alle wissen,
ausrutschen, da die Sprossen meist beschissen.

Ich strebte auch einmal nach höherem Posten,
doch waren schon die Nägel am verrosten,
die als Halt für meine Aufstiegssprossen
einen raschen Aufstieg ausgeschlossen.
Haltlos hing ich wieder mal dazwischen,
mir blieb nur Zeit, die Tränen abzuwischen.

So mancher, der mich kennt, kann es nicht fassen,
denn heute bin ich heiter und gelassen.
Und meine Schritte werden immer schneller,
kein Wunder, es geht abwärts in den Keller.

Bis sich für immer meine Augen schließen,
will ich die Zeit, die mir noch bleibt, genießen.
Schon hör ich aus der Ewigkeit ein Rufen:
„Vergessen darfst Du deine Lebensstufen".

Warmer Duft vom weichen Moos

Jugendzeit in meinen Träumen,
unser Wald ein trautes Heim,
aus dem Alltag ausgebrochen.
Bäume rauschen, Sträucher duften,
Brombeerhecken zum Verstecken,
durch das Unterholz gekrochen.

Springen über feuchte Gräben,
flüchten, wie ganz scheues Wild,
Hand in Hand und - Mund auf Mund.
Bremsen stechen, Nesseln brennen,
Spucke reiben auf die Haut,
gegen Rheuma, ist gesund.

Kleine Lichtung, Sonnenfenster,
dürre Gräser zart im Wind.
Jede Regung ein Liebkosen,
himmlische Gefühle tosen,
die bis heut in Wallung sind.

Nie vollendet, stets besessen,
Alltagssorgen sind vergessen,
Erinnerungen riesengroß,
warmer Duft vom weichen Moos.

An der Ahr

Wir wanderten den Rotweinweg,
von Rech bis Neuenahr.
Und wenn ich es so überleg,
der Tag war wunderbar.

Noch morgens auf der Fahrt nach Rech,
war uns die Lust vergangen.
Von Stau zu Stau, wir hatten Pech,
bevor es angefangen.

Das Glück kam erst in diesem Ort,
der Bann war nun gebrochen,
denn liebe Nachbarn standen dort,
gemeinsam gingen wir sofort,
ja, fast wie abgesprochen.

Ein herrlicher Oktobertag,
noch warm und gut zu gehen.
Und wer, wie wir, den Rotwein mag,
kann dieses Lied verstehen.

Wir aßen unser Pausenbrot,
zu trinken ward geboten.
Denn gegen Durst, des Wandrers Not,
gab`s Traubensaft, den roten.

Der Blick ins Ahrtal, ein Genuss,
zurück ging`s mit dem Zug.
Der Federweiße dann zum Schluss
mit Zwiebelkuchen, war ein „Muss"
dann hatten wir genug.

Brave Bürger

Bingen

Die furchtlose Gitta aus Bingen,
verdankt ihre Freiheit dem Singen.
Das Gericht fand es gut,
denn sie zeigte viel Mut,
ihren Boss hinter Gitter zu bringen.

Langen

Es braucht nun ein Züchter aus Langen,
nicht mehr um sein Rindvieh zu bangen.
Er hatte vernommen:
wenn Viehdiebe kommen,
werden diese von Bullen gefangen.

Füssen

Das frisch verliebte Paar aus Füssen
versprach, sich täglich heiß zu küssen.
Doch beide spürten bald,
der Andre bleibt ja kalt,
und war'n froh, nicht mehr küssen zu müssen.

Hamm

In Hamm liegt seit Jahren ein Hammer,
verstaubt bei Madam in der Kammer.
Gestern wollt' er was tun,
doch Madam wollte ruh'n,
und das war für den Hammer ein Jammer.

Sprichwörtliches Angeln

Wer Angler oder Beute war,
ist oft im Leben gar nicht klar,
meist gibt es ein Gerangel,
wer hängt wem an der Angel?

Wer sorglos gern im Trüben fischt,
wird selbst am Ende aufgetischt.
Es wird sich bald schon zeigen,
wer ist denn wessen Eigen.

Wer sich mit Angeln Zeit vertreibt,
beachte, dass er Angler bleibt.
Hast du den Gegner unterschätzt,
bist du das Opfer noch zuletzt.

Ist das, was du für dich erstrebst,
ein allzu dicker Brocken,
gib Acht, dass du es überlebst,
sonst läuten dir die Glocken.

Wer sich beim Angeln übernimmt,
ist zum Verlierer vorbestimmt.

Der Fisch und der Angler

Gemalt von Annette Wuillemet

Schatzsuche im Wald

Auf einer Lichtung hör ich Kinder lachen,
auf Zuruf sucht sich jedes einen Baum.
Sie eilen, sausen, fliegen wie im Traum,
um ihrem Schatz ein Kompliment zu machen.

Zurück zur Mitte rufen sie die Sachen,
die Komplimente schallen durch den Raum,
die Lehrerin versteht die Worte kaum,
doch ihr ist wichtig, Interesse zu entfachen.

Sie fragt, ob alle ihre Schätze kennen,
ob jedes seines Baumes Namen weiß,
und wer ihn kennt, soll seinen Namen nennen.

Noch heute liebe ich die Bäume heiß,
weil ihre Namen mir im Herzen brennen,
bekommt die Lehrerin den ersten Preis.

Schneeflocken

Der Winter brachte schöne, dicke Flocken,
mit offenem Mund stand da ein fröhlich Kind,
vergnügt und heiter, wie mal Kinder sind.
Na, endlich fing es einen dicken Brocken.

Die Mutter eilt herbei, wohl hoch erschrocken
und klärt ihr Liebchen auf, ganz wohlgesinnt:
„Bazillen machen krank und manchmal blind,
du bist ganz nass, komm rein, ich mach dich
trocken".

Ich sah mich selbst als Kind die Flocken fangen,
kein Mensch hat mir gesagt, das ist nicht gut,
und bin daran bestimmt nicht eingegangen.

Auf übertriebene Vorsicht steigt die Wut,
was wird aus einem Mensch, dem das entgangen?
Der Mutter das zu sagen, fehlt der Mut.

Spatzen - Weisheit

Als er sein Spätzchen auf die Straße schickte,
hat sie sich anfangs bitterlich beschwert,
war überzeugt, das Ganze läuft verkehrt,
bis sie den großen Karrengaul erblickte,

der sich an einem Korb mit Heu erquickte.
Da fielen auch schon „Äppel" auf die Erd,
und diese sind von Spatzen heiß begehrt,
worin sie prompt mit Freudenwonne pickte.

Die Samenkörner braucht man nicht zu würzen,
hochkonserviert und gänzlich unverdaut,
worauf sich alle Spatzen gerne stürzen,

entstammen sie dem Pferdefutterkraut.
Jedoch, um die Geschichte abzukürzen;
der Spatz hat mir die Weisheit anvertraut.

Das Weizenkorn

(Zu Ringelnatz Gedicht: Das Samenkorn)

Ein Weizenkorn lag auf dem Bauch,
das mögen Amseln, Spatzen auch.

Ganz anders als bei Ringelnatz,
verteidigte ein kleiner Spatz

das Weizenkörnchen auf der Erde,
damit daraus was Größres werde.

Er wartete bis zum August,
das hat die Amsel nicht gewusst.

Nun steht die Ähre stolz im Feld,
der Spatz nun Korn um Korn erhält.

Auf der Wiese stehen Kühe!

Auf der Wiese stehen Kühe,
geben sich die größte Mühe,
alles was hier grünt und wächst,
es ist wirklich wie verhext,
einfach in den Bauch zu stopfen,
auch so manchen Regentropfen.

Blumen, Gräser, Klee und Kräuter,
langsam steigt die Milch im Euter.
Doch bevor die Blumen welken,
geh'n sie in den Stall zum Melken,
und im Darm entsteht ein Brei,
den lässt die Kuh als Fladen frei.

Würmer, Ameisen und Maden,
alle lieben diesen Fladen.
Käfer, Asseln und die Fliegen,
bemüh'n sich etwas mitzukriegen.
Der Rest ist Dünger für die Wiese,
zum Fressen brauchen Kühe diese.

Und sie düngen aus dem Bauche
die Wiese noch mit heißer Jauche.
Verdünnt vom Regen in der Frühe,
mögen Pflanzen diese Brühe.
Auf der Wiese stehen Kühe.

Die Nachtkerze

Als die Nacht den Tag vertrieb,
saß ich im Zug nach Hause,
der auf der Strecke liegen blieb.
Er machte eine Pause.

Am Bahndamm standen, dicht an dicht,
ganz kräftig grüne Pflanzen.
Der Wind trieb sie im Dämmerlicht,
als würden sie dort tanzen.

Die Blüten hingen traurig nur,
der Tanz ging wohl zu Ende.
So ist das Leben, Schicksal pur,
doch plötzlich kam die Wende.

Erst eine gelbe Blüte lacht,
dann waren es ganz viele.
Und plötzlich diese Blütenpracht,
ganz neue Lustgefühle.

Seit dem steht auch in unserm Beet,
die gelbe Bahndammblume.
Sie lehrt, dass Schönheit nur vergeht,
damit das Leben fortbesteht,
der Ewigkeit zum Ruhme.

Herbstgedanken

Freude über bunte Blätter,
Baum im Herbstwind, frisch und frei.
Viele meinen: Welch ein netter
Anblick dieser Baum doch sei.

Meine Äste, wie die Rinde
um den Stamm, sind noch gesund.
Selbst die Wurzeln, ich empfinde
festen Halt im tiefen Grund.

Doch auf meine alten Tage
quält mich jene Lebensfrage:
Hab ich meinen Zweck erfüllt?

Werden auch an meinen Zweigen
sich die nächsten Knospen zeigen,
wenn ich kahl bin, unverhüllt?

Plötzlich stehe ich im Regen,
und es strömt der Himmelssegen
durch die Wurzeln ins Geäst.

Unsichtbar und nur ganz innen
müssen Gottes Kräfte rinnen,
für sein Ernte-Danke-Fest.

Mein Glück

Wer als Kind, so wie ich, Kartoffel gestoppelt,
der kennt sich gut aus, mit Lachen und Weinen.
Das ganz große Glück besteht aus den Kleinen,
die Stück für Stück aneinander gekoppelt.

Zu meinem Glück, so will es mir scheinen,
hab auch ich vieles doppelt gemoppelt,
ein Jahr inzwischen schon sechsmal verdoppelt
und bin noch immer recht gut auf den Beinen.

Nun kann man ermitteln, wie alt ich geworden,
ich musste mein Leben lang dienen, mich bücken,
und hab manchmal im Regen gebadet.

Wenn andre sich heute mit Lorbeeren schmücken,
ich erhielt bisher keinen einzigen Orden,
doch das hat mir zum Glück nicht geschadet.

Kriegskinder

Kurz vor dem letzten Krieg sind wir geboren.
In die Schule ging es, als noch Bomben fielen.
Wir spielten kämpfen und auf Menschen zielen,
und vielen ist das Herz im Leib erfroren.

Die Kinderzeit ging in dem Krieg verloren.
Dann Jahre harter Arbeit, statt zu spielen,
ließen uns auf bessre Zeiten schielen.
Vergangnem wurde damals abgeschworen.

Den Lehrern war die Sprache wohl verschlagen,
nach dem Vergangnem durften wir nicht fragen,
kaltes Entsetzen stand in ihren Mienen,

als wäre der Leibhaftige erschienen.
Sie konnten die Erinn'rung nicht ertragen.
Die Worte fehl'n mir heute, um zu klagen.

Körperliches

Dachstuhl

Ein Zimmermann muss ständig zimmern,
bei Bauchweh nicht jammern und wimmern.
Fühlt er sich mal zu schwach
und macht Stuhl auf dem Dach,
wird das wohl seine Lage verschlimmern.

Organspende

Organspende war seine Masche,
stets hatte er Geld in der Tasche.
Als man ihn nicht mehr sah,
denn er war nicht mehr da,
lebte er noch als Geist in der Flasche.

Pimpernelli

Die Frau am Klavier hatte Wimpern,
die sich bewegten, beim Klimpern.
Doch sie wurde recht bös,
und die Männer nervös,
denn sie ahnte, die träumen vom Pimpern.

Darmverschluss

Als der Darm sich beleidigt verschloss,
was die andern Organe verdross,
haben sie ganz gequält
ihn zum Vorstand gewählt,
denn das Arschloch ist immer der Boss.

Alter Knochen

Bist du noch dicht, du alter Knochen,
sagte ein guter Freund zu mir.
Du hattest mir vor ein paar Wochen,
beim Abschied in die Hand versprochen,
mich einzuladen, auf ein Bier.

Mein lieber Freund, komm sei nicht bös,
und lass uns einen heben.
Ob unsere Knochen schon porös,
macht uns heute nicht nervös,
da müssen wir mit leben.

Dass er mich ‚nicht ganz dicht' genannt,
konnt' ich einfach nicht vergessen.
Obwohl ich es als Scherz empfand,
hab ich mich an den Arzt gewandt
und ließ die Knochendichte messen.

Ich sah am Bildschirm mein Skelett,
da war nicht viel zu sehen.
Es schien mir aber noch komplett,
auf jeden Fall bin ich nicht fett,
dann konnt ich wieder gehen.

Nun weiß ich, ich bin nicht mehr dicht,
doch „Dichter" will ich bleiben.
Und stehe ich im Rampenlicht,
erstrahlt der Menschen Angesicht,
will ich gern weiter schreiben.

Ostfriesische Mitteilungen

Ein Bauer

Da war ein Ostfriesischer Bauer,
der lehnte sich an eine Mauer.
Doch die Mauer fiel um,
wer weiß denn warum?
Der Klügere gibt nach und ist schlauer.

Wattenmeer

Nun bringt mal schnell alle Latten her,
wir treiben die Viecher ins Wattenmeer.
Ein Ostfriese erfand,
wie's im Tageblatt stand,
die absolut wirksame Rattenwehr.

Norden

Etwas humaner ist man in Norden,
will dort keine Viecher ermorden.
Man schneidet nur ab ihre Schwänze,
flechtet daraus schöne Kränze
und trägt sie als Ostfriesische Orden.

Norddeich

Ein schlauer Ostfriese aus Norddeich,
erklärte das Wattenmeer wortreich,
was da so krabbelt und schwimmt.
Doch damit es auch stimmt,
warf man den Fiesen über Bord gleich.

Frühling

Weil es seit Tagen nicht mehr schneit,
kann ich es kaum erwarten,
dass endlich auch die Frühlingszeit
beginnt in unserm Garten.

Die Sonne macht den Boden weich,
Schneeglöckchen sind erschienen.
Und mit den Krokussen zugleich
erwarten sie die Bienen.

Wenn Primelchen als Frühlingsgruß
schon in der Sonne leuchten,
kommt manchmal noch ein Regenguss,
um alles anzufeuchten.

Singvögel bauen sich ein Nest,
in Sträuchern oder Hecken,
wo sie, wie wir zum Osterfest,
die Eierchen verstecken.

Der Frühling ist ein lieber Gast,
den wir auch gern besingen.
Und mancher Vogel auf dem Ast
lässt froh sein Lied erklingen.

Sommer

Auf Sommer freut sich jedes Kind,
die Lauten und die Leisen,
weil Ferien im Lande sind,
und viele wollen verreisen.

Was uns am Sommer so gefällt,
wovon wir Kinder schwärmen?
Wenn blau erstrahlt das Himmelszelt
und Sonnenstrahlen wärmen.

Beim Wandern kann man vieles sehn,
Getreide auf den Feldern,
und wenn wir etwas weiter geh'n,
auch Tiere in den Wäldern.

Zu Hause macht der Garten spaß,
wir sind so gern im Freien,
oft liegen wir im grünen Gras,
wo Blütenblätter schneien.

Die Vögel kommen aus dem Nest
und geh'n in Pfützen baden.
Der ganze Sommer ist ein Fest,
und wir sind eingeladen.

Herbst

Das Wetter, das gefällt mir nicht
und was die Winde treiben.
Drum schreibe ich ein Herbstgedicht,
denn ich muss drinnen bleiben.

Der Regen, den ich gerne mag,
macht alle Steine sauber.
Und kommt die Sonne an den Tag,
entsteht ein Farbenzauber.

Doch draußen spielen ist gesund,
wir machen einen Reigen.
Der Herbst macht alle Blätter bunt,
wir lassen Drachen steigen.

Heut sammeln wir Kastanien,
damit wir „Männ'le" kriegen.
So braun wie die in Spanien,
die in der Sonne liegen.

Die Sarah hat vom Herbst erzählt
und was die Kinder lieben.
Der Opa hat was ausgewählt
und ein Gedicht geschrieben.

Winter

Der Winter zieht in unser Land,
bringt Grüße aus dem Norden.
Er hat hier einen schweren Stand,
denn es ist kalt geworden.

Die Kälte mögen wir nicht sehr,
wir brauchen dicke Socken.
Doch freuen wir uns umso mehr,
auf schöne, weiße Flocken.

Aus Regen macht der Winter Schnee,
er will die Welt verzieren.
Und trifft er auf den kleinen See,
muss der zu Eis gefrieren.

Die Tiere halten Winterschlaf,
und Vögel zieh'n nach Süden.
Die Stallkaninchen und das Schaf
gehör'n nicht zu den Müden.

Die Wiese hat ein weißes Kleid,
den Schneemann woll'n wir bauen.
Die Rodelbahn ist auch bereit,
ob sich die Kinder trauen?

Und schlummern wir im warmen Bett,
dann darf es weiter schneien.
Im Traum find ich den Winter nett,
doch wenn ich einen Dino hätt,
der müsste Feuer speien.

Wolken aus Frankreich

Wolken kommen über den Rhein,
na klar, sie kommen von Westen.
Ihre Heimat scheint der Atlantik zu sein,
das wissen Franzosen am besten.

Wolken kommen über den Rhein,
es scheint gleich Regen zu geben.
Ich fahre schnell die Markise ein,
sonst wird sie noch nass und verkleben.

Wolken kommen über den Rhein,
auf der Leine hängt noch die Wäsche.
Meine Frau ist nicht da, das find ich gemein,
doch ich füg mich, ich mag keine Dresche.

Wolken kommen über den Rhein,
im Garten, da warten die Rosen.
Ich schau aus dem Fenster und lerne allein,
die Sprache der fernen Franzosen.

Wolken kommen nun dunkel und schwer,
sie werden sich gleich hier entladen.
Mein Kopf und die Regenfässer sind leer,
das Füllen kann beiden nicht schaden.

Wolken weinen sich aus, mir wird klar,
nur manchmal stand ich im Regen.
Was bisher viel Mühe und Arbeit war,
ist in Wirklichkeit Freude und Segen.

Erdbeersucht

Beim Pflücken in der Erdbeerzucht
überfiel mich Erdbeersucht.
Ich konnte mich nicht wehren,
gegen diese Beeren.

Sechs Pfund musste ich bezahlen,
im Übrigen litt ich Qualen,
weil mein Magen übervoll,
und trotzdem fand ich's toll.

Nach `ner Stunde war's vergessen,
als Dessert beim Mittagessen,
schmeckte es schon wieder stark,
es gab Erdbeeren in Quark.

Erdbeertorte zum Kaffee,
Sahne drauf, ein Berg wie Schnee,
als Spitze vom Vergnügen,
Genuss in vollen Zügen.

Erdbeerbowle dann zur Nacht
hat's auf den Höhepunkt gebracht.
Mein Schatz, nun kannst du träumen,
von Erdbeeren auf Bäumen.

Der „Tutnix"

Der „Tutnix" ist eine Hunderasse,
zu erkennen am ständigen Wedeln.
Sie heben sich ab, von der übrigen Masse,
die Züchter halten sie einfach für Klasse,
man kann sie stets weiter veredeln.

Ein Maulkorb nicht nötig, sie laufen stets frei,
ja, sie fühlen sich wohl unter Leuten.
Ihr Häufchen legen sie ganz ohne Scheu,
heben das Beinchen und blicken ganz treu,
glaub nur, es hat nichts zu bedeuten.

Nur Läufer und Radler sind ihm etwas zu schnell,
hier kann er sich doch leicht erschrecken.
Man sieht es, im Nacken, da sträubt sich das Fell,
er bleckt dann die Zähne, es gibt ein Gebell,
er verfolgt dich, nur ganz kurze Strecken.

Sagst du dem Mensch, der dir dieses beschert:
„Ich lass mich nicht gerne zerreißen",
dieser sehr glaubhaft und lachend erklärt:
„Sie sind der erste, der sich beschwert:
„Der „Tutnix", der kann gar nicht beißen".

Brave Viecher

Susi und Strolch

Der Strolch küsste Susi aufs Mündchen,
verlebte mit ihr schöne Stündchen.
Mit Erfolg, ist doch klar,
denn die Susi gebar
eine große Schar niedlicher Hündchen.

Schafe und Hunde

Bei Schafen, bewacht von den Hündchen,
vermehren sich Pfündchen um Pfündchen.
Wenn sich dann, wohlgenährt,
noch die Herde vermehrt,
verlebt der Hirte auch manch schöne Stündchen.

Die Kirchenmaus

Die Kirchenmaus schockte die Frommen,
die zu dem Konzert sind gekommen.
Denn sie fand den Altar
mit dem Kreuz wunderbar,
was die Frommen noch nicht wahrgenommen.

Sein Pferd

Zur Bank brachte jemand sein Pferd,
er glaubte, das wär' noch was wert.
Noch nicht mal den Haufen
wollt' die Bank ihm abkaufen.
Nein, man hat sich sogar noch beschwert.

Der wohlverdiente Ruhestand

Wen sucht denn unser Nachbar nur,
schon morgens früh um sieben?
Er läuft mit Frau durch Wald und Flur,
doch nirgends die geringste Spur,
wo ist er nur geblieben?

Warum hat es der Mensch so schwer,
den Verlust zu überwinden?
Er sah ihn seit Geburt nicht mehr,
obwohl er wühlte, kreuz und quer,
wo ist er nur zu finden?

Er suchte ihn im ganzen Haus,
wo kann er denn nur stecken?
Dann hielt er es zu Haus nicht aus,
und kroch, wie eine Kirchenmaus,
in alle frommen Ecken.

Er fand ihn nicht am Nordseestrand,
nicht im geliebten Garten.
Als er ihn in der Truhe fand,
den „wohlverdienten Ruhestand",
da druckte man mit schwarzem Rand,
für ihn sehr schöne Karten.

Die Büste

Auf meinem weißen Bücherbord
steht eine goldne Büste.
Herr Goethe thront seit langem dort,
als Wächter über Reim und Wort,
von dem ich gerne wüßte,
ob mich die Muse küßte.

Und eines Nachts, da hört ich echt
den „Großen Meister" flüstern:
„Dein Reim, mein Freund, ist mir ganz recht,
doch wird's der Muse davon schlecht,
deshalb, sei nicht so lüstern.

Heut ist die Muse arm und nackt,
ihr Kuß schmeckt fad und bitter.
Moderne Kunst ist nur abstrakt,
Gedichte, Verse, abgehackt,
kranke Gedankensplitter.

Mach dir nichts draus und sei vergnügt,
schreib weiter deine Zeilen.
Wer sich dem Geist der Zeit nicht fügt,
das Reimen liebt, sich nicht belügt,
darf auch bei mir verweilen."

So schreib ich nun mit frohem Mut
in Reim und Rhythmus weiter,
und sagt man mir: „Das ist nicht gut,
du bringst die Muse nur in Wut",
macht mich das höchstens heiter.

Nun komm ich gerne zu dem Schluss,
dass ich romantisch bleibe,
denn Sehnsucht nach dem Musenkuss
sind Zeichen, dass ich schmusen muss.
Ich geh zu meinem Weibe,
bevor ich weiter schreibe.

Herr Winter
(hat im Sommer Geburtstag)

Ich besuchte den Herrn Winter,
schellte dreimal, musste warten
vor dem Haus und hörte hinter
diesem, Lachen aus dem Garten.

Nun, ich komm zu gratulieren,
von der Kirche hier am Ort.
Und ich hoff`, dass sie nicht frieren
fiel Herr Winter mir ins Wort.

Er, sein Vetter und die Damen,
lachten schallend, alle vier.
Nur ich fiel aus diesem Rahmen,
doch ich konnte nichts dafür.

Vorhin, als wir Kaffe tranken,
klärte mich Herr Winter auf,
kamen frostige Gedanken,
jeder setzte einen drauf:

Ob die nächsten Gäste frören,
hier, bei dieser kühlen Pracht?
Wer es wagt, uns hier zu stören,
wird vom Winter kalt gemacht.

Wird es einem Gast zu heiß,
kriegt er selbstgemachtes Eis.
Fällt er in den Kälteschock,
reichen wir ihm einen Grog.

Jeder denkt, schaut an, nun spinnt er,
Winter, Winter, Winter, Winter.
Verzeihen sie diese Albernheiten
den vier kalten Jahreszeiten.

Endlich hatte ich kapiert,
dass der Winter hier zu viert,
und das mit einer Herzenswärme,
von der heute ich noch schwärme.

Menschliche Tiger

Mutiger

Ein Mutiger lotste im Nu
vom Eise die mutlose Kuh.
Er zog und er zerrte
obwohl sie sich sperrte,
doch das Mu gab die Kuh ihm dazu.

Faltiger

Ein Faltiger wollte nicht fallen,
drum zeigte er allen die Krallen,
und obwohl er schon alt,
ließ er schon recht bald
sein furchtbares Brüllen erschallen.

Bärtiger

Ein Bärtiger wollte den Bären
seine adlige Herkunft erklären.
Doch er trug einen Bart,
und so blieb ihm erspart,
zu berichten über Bär-Tiger-Affären.

Wichtiger

Ein Wichtiger konnte entweichen,
vergaß nicht das Geld einzustreichen.
Denn nur das hielt ihn jung,
und er machte den Sprung
in das Reich zu den Reichsten der Reichen.

Graf Bobby

Graf Bobby, vom Geschlecht der Hunde,
kommt liebend gern zur Bibelstunde.
Sehr freundlich, ausgelassen, froh,
begrüßt er jeden mit „Hallo".

Ein Sessel wird ihm angeboten,
auf den Tisch legt er die Pfoten
und staunt: Hier sind ja fast nur Frauen,
sie alle lachen, schnattern, schauen.

Nur eine will den Grafen meiden,
sie kann die Lordschaft „Hund" nicht leiden.
Doch dieser, wenn er nicht gehalten,
will jeden Widerstand ausschalten.

Ein Herr kam einmal etwas später,
der Reinhard war es, nicht der Peter.
Graf Bobby denkt, was muss das muss,
begrüßt den Gast mit einem Kuss.

Doch schon vor unserem Eingangslied,
wissen wir, was nun geschieht:
Der Graf wird langsam etwas müde,
er ist ja schließlich auch nur „Rüde".

Graf Bobby braucht jetzt seine Ruh,
die Gerti deckt ihn zärtlich zu.
Und ist die Stunde noch so mies,
er träumt vom Hundparadies.

Sein Blümchen

Vor einem Blümchen, ganz entzückend,
errötet er, sich mühsam bückend,
berührt es zärtlich mit der Hand,
weil er es hier am Wege fand.

Er ächzt und stöhnt, weh tut der Po,
die Hacken spürt er ebenso.
Ihm brummt der Schädel durch das Bücken,
er kommt nicht `ran, es abzupflücken.

Vier gelbe Blättchen, grün der Stengel,
es gleicht zu Hause seinem Engel
und ist, wie sie, nicht leicht zu fassen,
drum will er's lieber leben lassen.

Er kam mal wieder spät nach Haus,
da stand für ihn ein Blumenstrauß
und auch ein gutes Festtagsessen.
Er hat den Hochzeitstag vergessen.

Sie hat sich für ihn schick gemacht,
ihn wie ein Blümchen angelacht
und seine Blumen nicht vermißt:
„Ich lieb dich, weil du zärtlich bist".

Orange Socken

Die Frau strickt aus Wolle mit Nadeln,
mir Socken, das will ich nicht tadeln.
Sie hat für die Nacht
an orange gedacht,
da sie leuchten wie Sterne beim Radeln.

Sein Blümchen

Gemalt von Annette Wuillemet

Der Schrei nach „Krabat"

(Im Marionetten-Theater)

Verzaubert jede Nacht in einen Raben,
tagsüber schuftet er als Müllersknecht.
Mit andren sitzt er nun am Mühlengraben,
denn den Kollegen geht's genau so schlecht.

Zum Jahresende muss ein Jüngling sterben,
der alte Müller lebt im Satanspackt.
Für junges Blut kann er dies Leben erben.
Des Nachts sind die Gesellen schwarz befrackt.

Der Schrei nach Freiheit ist der Jugend Würde,
ein Mädel hat sich in „Krabat" verliebt.
Gemeinsam nehmen sie des Unheils Hürde,
so dass es doch ein „Happy Ende" gibt.

Ganz nachdenklich verlassen wir das Stück,
der Schrei nach „Krabat" bleibt in mir zurück.

Der Nachahmungstäter

Wer heute noch schreibt wie die geistigen Väter,
seine Verse in Reime verfasst,
wird gemieden, verachtet als Nachahmungstäter
da dies ins Moderne nicht passt.

Romantiker gelten als Neuzeitverräter,
belächelt, von manchen gehasst.
So leidet man seelisch als ewig Verschmähter,
wird aus ihren Kreisen geschasst.

Die alten Formen werden heut gemieden,
die klassische Gedichtsform ist passee.
Sie sind so lästig wie die Hämorriden,

und gleich der Mode gilt das Resümee:
Was „In" ist, wird von „Namhaften" entschieden,
das Können zählt nicht, nur noch die Idee.

Der Edelstein

Vor seiner Höhle in den Bergen,
poliert seit Jahren ganz alleine,
Troll, der Kleinste von den Zwergen,
den größten seiner Edelsteine.
Er freut sich, dass die Sonne lacht,
weil sie den Stein hell funkelnd macht.

Der Troll will zu den Menschen gehen,
sie sollen dieses Prachtstück sehen.
Und er will keine Mühe scheuen,
dass die Menschen sich auch freuen.
Eines Tages schleppt der Zwerg
den Stein hinab von seinem Berg.

Nach langer Zeit, durch Wald und Wiesen,
kommt er ängstlich immer näher,
wie ein unsichtbarer Späher,
denn aus Menschen wurden Riesen.
Und den schwer bepackten Wicht
mit dem Stein, den sieht man nicht.

Troll muss wieder heimwärts ziehen,
mit dem Stein der nur geliehen,
und obwohl der nicht sein Eigen,
will den Schatz er denen zeigen,
die wie er nur Zwerge sind,
und das ist gut so, wie ich find.

Wenn zwei sich streiten

Vergangenheit und Zukunft haben Streit,
und das bereits seit vielen tausend Jahren.
Sie liegen sich noch immer in den Haaren,
ob zwischen ihnen eine dritte Zeit.

Dem Herrn klagt nun die Gegenwart ihr Leid,
er möge sie doch vor dem Streit bewahren,
ihr dieses Elend, diesen Stress ersparen,
zur Selbstaufgabe sei sie fast bereit.

„Mein liebes Kind", sagt der „um Gottes Willen,
behalte so wie ich nur deine Ruh.
Ich kann dir diesen Wunsch noch nicht erfüllen,

ich füg' sogar noch manches Jahr hinzu,
bevor die sich dann gegenseitig killen,
denn übrig bleibst in Ewigkeit nur du".

Höhere Sicht

Großvater lag todkrank, fast blind im Bett,
noch einmal wollte er die Kinder sehen.
Sie sollten seinen Abschiedsschmerz verstehen,
als Kim erschien, war seine Schar komplett.

Die Jüngste, wie ein Wirbelwind adrett,
sie flüstert: „Opa, weißt du, was geschehen?
Zum ersten Mal darf ich zum Tanzen gehen."
Der Opa fand noch nie ein Kind so nett.

Er flüsterte „Ich wär noch gern geblieben,
doch freu ich mich auf meine „höhere Sicht"
und schau von oben zu, was hier getrieben,

und dazu brauche ich kein Augenlicht."
Nun hab ich doch ein „Kind-Sonett" geschrieben,
und widme meinen Kindern dies Gedicht.

Umkehr

Halt verborgen dein Begehren,
zeig es denen, die schon brennen.
Heute heißt es, umzukehren,
dich im Lichte zu verzehren,
wachse noch in dem Erkennen.

Heiliger Schreck, du siehst das Ziel,
es will dein Herz und Sinn belegen.
Allmachtsdenken kommt ins Spiel,
ein ganz neues Glücksgefühl
scheint dir Licht auf deinen Wegen.

Schnell darfst du zum Boten reifen,
bist besessen und erregt,
Irdisches nun abzustreifen,
um das Göttliche zu greifen,
weil dein Herz in Flammen steht.

Endlich willst du Freiheit wagen,
bist beflügelt, fasziniert.
Dir zerrinnen Lebensklagen,
ja, du möchtest jedem sagen,
was dir heute ist passiert.

Erdgebunden stehst du, sehend,
eingeengt vom Geist der Zeit.
Bittest um Erlösung, flehend,
Kreuzesfahne, siegeswehend,
ahnungsvoll, es ist so weit.

Herrnhuter Losungen

Mein Losungsbuch ist eine frische Quelle,
die mich an jedem Morgen neu erquickt.
Gott ist es selbst, der eine Bibelstelle
als Medizin für meine Seele schickt.
Der ganze Körper, jede einzelne Zelle,
lebt wirklich auf, wenn sie sein Wort erblickt.
Was mir das Leben heut auch bringen mag,
in Gott geborgen wird's ein guter Tag.

Das Städtchen Herrnhut dient mit seinem Namen
und mit gelosten Sprüchen dieser Welt,
weil Gottes Wort als segensreicher Samen
millionenfach in offene Seelen fällt.
Die Liebe Gottes sprengt den stärksten Rahmen,
denn wahre Freiheit bringt das Himmelszelt.
Hier lernt der Mensch, durch Christi Geist getrieben,
vor allem Gott und dann den Nächsten lieben.

Gottes Reich in Christus zu erkennen
ist jene Medizin, die Wunden heilt.
Seinen Namen im Gebet zu nennen
bringt dir Gewissheit, dass Gott in dir weilt.
Er lässt die Herzen für den Nächsten brennen,
schenkt wahres Glück dem, der's mit andern teilt.
Gott sagt es selbst: „Ihr seid das Salz der Erde,
damit durch euch der Nächste glücklich werde."

Herrnhuter Sterne

Herrnhuter Sterne aus buntem Papier,
als Zeichen für Christus, das Licht dieser Welt,
der mit seiner Liebe die Herzen erhellt,
erstrahlen und leuchten in himmlischer Zier.

Ein Stern muss uns leuchten zu Jesu Quartier,
wie es seiner göttlichen Weisheit gefällt.
Wir glauben, dass er uns nach Hause bestellt,
denn Gott wurde Mensch und lebte wie wir.

Der Glaube an Christus wird Menschen anfeuern,
ihre Liebe dem Schöpfer zu geben.
Nur dieser kann unsere Herzen erneuern,

damit wir nach Göttlichem streben.
So will uns der Herrnhuter Stern heut beteuern,
Gott schenkt uns das ewige Leben.

Herrnhuter Limerick

Zur Weihnachtszeit macht uns aus Herrnhut
ein erleuchteter, zackiger Stern Mut,
zu glauben dem Schöpfer der Welt,
dass er alle, die glauben, erhält,
für sein Reich und dieses auch gern tut.

Ewigkeits-Sehnsucht

Ein hoher Wunsch ist Aller eigen,
dass sich die Ewigkeit soll zeigen,
wenn wir vom Irdischen befreit.
Das ganze Leben, voller Streben,
kann uns das wahre Glück nicht geben,
wonach die Seele wirklich schreit.

Wir kämpfen ständig mit dem Bösen
und sehnen uns nach dem Erlösen,
von dem, was uns zum Menschen macht.
Engel mögen uns begleiten,
für uns kämpfen und auch streiten,
dass nicht zuletzt der Teufel lacht.

Das Böse will uns nur vernichten,
damit wir uns nicht selber richten,
brauchen wir des Höchsten Kraft.
Wenn wir uns nicht energisch wehren
und zum Ewigen umkehren,
hat das Böse es geschafft.

Drum sehnen wir uns in dem Treiben,
nach Glück und Sein, im Ewigen bleiben,
für Umkehr bleibt ein Augenblick.
Was wir in allem nur erahnen,
dass gar nichts bleibt, soll uns ermahnen,
zum Geist kehrt nur der Geist zurück.

Im Mittelpunkt der Welt

Bei klarer Nacht, den Blick nach oben wenden,
ist eine Sucht, die mich in Atem hält.
Benommen, da die Strahlen in mir enden,

schau' ich begeistert in das Sternenzelt,
um einen Schritt zur Ewigkeit zu wagen,
ich glaub, ich steh im Mittelpunkt der Welt.

Zwangsläufig kommt die Frage aller Fragen,
die manchen Mensch sogar zum Wahnsinn treibt,
mit welcher sich die klügsten Köpfe plagen:

Was ist es, was am Ende von mir bleibt?
Ist Geist nicht an Materie gebunden?
Und was geschieht, wenn sich ein Mensch entleibt?

Ich schaue in mein Herz, in solchen Stunden,
und freu' mich, dass ich eine Seele bin,
die Gott und seine Ewigkeit gefunden,

der Lebensfreude schenkt und Lebenssinn.
Nur Glaube, Hoffnung, Liebe, jene Speisen
sind unsrer Seelen wirklicher Gewinn.

Sie wollen mir und Dir die Wege weisen,
wofür sich jede Kraftanstrengung lohnt,
und werd' ich ohne Wiederkehr verreisen,

wird dir bewusst, wo nun der Schreiber wohnt.
Doch willst du diese Verse mir nicht glauben,
bei Gott, der über alle Himmel thront,

wirst du dir selbst den Seelenfrieden rauben.
Bedenke doch, des Lichtstrahls Energie
erzeugt Geschmack und Reife in den Trauben.

Wer sich verschließt, erfährt die Wahrheit nie.
Der Ewige lässt unsre Seelen reifen,
als Gegenleistung sucht er Sympathie.

Der Mensch ist frei, er kann das Glück ergreifen,
ein Lichtstrahl ist es, der die Sehnsucht weckt.
Die Gegenwehr kann sich der Mensch verkneifen,
Gott erntet nur, was ihm für ewig schmeckt.

Splitterziel

Bombenalarm, schnell alles in den Keller,
seit Tagen bombardiert der Feind die Stadt.
Vater, Mutter sieben Kinder, schneller,

bis jeder seinen Platz im Keller hat.
Da hört man schon das Heulen und das Knallen,
es steigt die Angst, die machen alles platt.

Und während Schlag auf Schlag die Bomben fallen,
wird plötzlich doch der jüngste Sohn vermisst.
Die Hilde ist die Mutigste von allen,

die aufspringt, losrennt, die Gefahr vergisst.
Dem jüngsten Bruder darf doch nichts passieren,
der gerade sechs und noch ein Träumer ist.

„Im Keller ist es kalt, da muss ich frieren,
ich bleibe hier, bin doch so schön im Spiel".
Sie zerrt ihn mit, will nicht erst diskutieren,

doch auf dem Hof ist sie ein „Splitterziel".
Zerfetztes Kleid, sie stöhnt, Blut an den Beinen,
sie schubst den Bruder in den Stall und fiel.

Drei Schwestern warteten schon auf den Kleinen,
der Vater holte schnell sein großes Kind,
im Keller fingen alle an zu weinen,

doch er verband die Hildegard geschwind.
Ein Wunder, hör' ich Mutter später sagen,
dass wir dem Krieg so heil entkommen sind.

Die Nase

Ein jeder hier in diesem Kreise
hat mich, die Nase, mitten im Gesicht.
Und jedem diene ich auf meine Weise,
doch was ich wirklich alles kann, bedenkt man nicht.

Wenn etwas riecht, duftet oder stinkt,
muss ich mich als Detektiv bewähren.
Wenn die Qualität des Augenlichtes sinkt,
bin ich der Brillensockel, darf mich nicht
beschweren.

Fehlt dir ein Bein, so kannst du nicht gut gehen.
Ich aber lauf sogar, mit einem einzigen Bein.
Wer meine Nasenflügel angesehen,
versteht, dass ich nicht fliege wie ein Vögelein.

Trinkt jemand Schnaps, und davon eine Menge,
leuchte ich wie eine Warnanlage.
Das Zähmen eines Ochsens ohne Strenge,
geht mit dem Nasenring, oh welche Plage.

Die Nase ist das Schönste im Gesicht.
Sie ist zur Zierde da, im Großen und im Ganzen.
Drauf springen und drauf hüpfen darf man nicht,
nur böse Menschen wollen darauf tanzen.

Noch eine Nasensache müßt ihr wissen,
im hohen Norden, auf dem ewigen Eis,
tun sich die Menschen mit der Nase küssen,
das macht viel Spaß, es folgt nun der Beweis.

Das Nasenreiben macht die Menschen froh,
man zeigt damit, dass man sich wirklich liebt.
Aus Er-kimo und Sie-kimo entsteht ein Eskimo,
wie schön, dass es so schöne Nasen gibt.

Das Sahnehäubchen

Ein Abend mit Freunden im Schauspielhaus,
danach ein herrlicher Gaumenschmaus.
Ein saftiges Steak, oder Zwiebelrostbraten,
einen Riesenteller mit frischen Salaten ?

Ein würziges Stück vom Schweinerücken,
hiermit wollten sich einige Damen beglücken.
Auch ich wollte einmal richtig zugreifen:
„Don Carlos-Salat mit Putenbruststreifen".

Unser Feinschmecker achtet stets auf Figur,
er überlegte krampfhaft: was ess' ich denn nur?
Ein Schälchen Kaviar, ein gebratenes Täubchen,
eine Tomatensuppe mit Sahnehäubchen?

Das ist es, die Suppe erfüllt ihren Zweck,
nur das Sahnehäubchen, das lassen wir weg.
Auf diese Weise bleibe ich schlank,
denn Sahnehäubchen machen mich krank.

Der Wunsch des Gastes war dem Koch Schnuppe,
das Sahnehäubchen gehört zu der Suppe.
Man hat seinen Hinweis diskret überhört,
und höflich geschwiegen, als der Gast sich
beschwert.

Das Theater mit Freunden, das herrliche Essen,
ich konnte es nachts im Traum nicht vergessen.
Die Bühne, die Wirtschaft und alles im Freien,
das Schauspiel war Spitze, die Zuschauer schreien.

Ein streitendes Paar in einer Liebeslaube,
beide im Nachthemd, mit schneeweißer Haube.
War es „Don Carlos", mit der feurigen Carmen?
Othello mit Gretchen? So hab` doch Erbarmen!

Er entreißt ihr das Häubchen: Das mag ich doch
nicht.
Jetzt nimmt er den Löffel, ob er damit zusticht?
Was fließt denn so rot, da – aus diesem Bett?
Die Tomatensuppe, sie ist ihm einfach zu fett.

Was kann man aus dieser Geschichte denn lernen?
Ein „Sahnehäubchen" darf niemand entfernen!
Als „Krönung der Kunst" hat es wohl seinen Sinn,
drum „genieße und schweige" und nimm es so hin!

Unsere Bürgerwiese

Zweimal wurden wir vertrieben,
retteten nur unsre Haut.
Nichts war uns von dem geblieben,
was wir mühsam aufgebaut.

Ein gewaltig hohes Zimmer,
in dem Schloss, im alten Park.
Doch es war ja nicht für immer,
und die Kinder fanden's stark.

Was die Leute von uns dachten,
da sie keinen Hehl draus machten,
empfanden wir als sehr gemein.
Ich hör die Kinder heut noch schrei'n:

„Rucksackdeutsche, arme Schlucker,
haben nichts zu kauen.
Betteln nur um Mehl und Zucker,
Kartoffeln geh'n sie klauen".

„Haste was, so biste was",
das ist doch die Devise.
„Wir stellen in den hohen Raum
den allergrößten Tannenbaum",
so sagte unsre Liese.

Bis kurz vor Ostern stand er dort,
die Kinder konnten prahlen.
Dann schleppten wir ihn heimlich fort,
zur Wiese, nah bei unserm Ort,
ein Bild, man könnt es malen.

Noch einmal wurde er geschmückt
und lauthals auch besungen.
Galt ich auch lange als verrückt,
der Streich war uns gelungen.

Das dürre Holz und das Papier,
stand lichterloh in Flammen,
und um das Feuer tanzten wir,
da lief das Dorf zusammen.

Hier wurden sie ein Liebespaar,
der Hans und meine Liese.
Drum feiern wir noch jedes Jahr,
schon lange mit 'ner großen Schar,
auf unsrer Bürgerwiese.

Der Ziegenbock

Ein wunderschöner Kinderzoo,
macht nicht nur den Erfinder froh,
nein auch die kleinen Gäste.
Am Eingang steht ein Automat,
ein Schild am hohen Maschendraht:
„Den Tieren nur das Beste".

Daneben steht ein Ziegenbock,
er knabbert dösend einen Stock
und scheint auf was zu warten.
Ja richtig, da kommt schon ein Kind,
freigebig, wie nun Kinder sind,
mit Münzen in den Garten.

Ein Geldstück in den Schlitz gesteckt,
das Drehgeräusch die Ziege weckt,
sie will scheinbar was haben.
Das Händchen einen Schubser kriegt,
das Futter auf die Erde fliegt,
nun kann sie sich dran laben.

„Mama, die Ziege ist gemein".
Er steckt den nächsten Groschen rein
und traut sich nicht zu drehen.
„Moment, ich dräng die Ziege ab",
der Ziegenbock im Rückwärtstrab,
„jetzt kann nichts mehr geschehen".

Und mit dem Futter in der Hand
ist der Junge weggerannt,
der Bock tat sich verneigen.
Drei Sätze bis zu mir, dem Feind,
dem Futterdieb, so wie er meint,
dem wollte er es zeigen.

Als ich mich wieder aufgerafft,
da lachten alle Leute:
„Der Bock hat diesen Mann geschafft,
mit sagenhafter Durchschlagskraft,
im Kampf um seine Beute".

ISDOCHEJAL

Eine Reisebesprechung in einem Lokal,
wurde mir nachts im Traum noch zur Qual.
Man hielt meine Fragen für allzu banal,
denn stets kam die Antwort sehr fundamental,
auf rheinische Art, dat ISDOCHEJAL.

Sagen Sie Käpten, ist der Ärmelkanal
für das riesige Schiff nicht ein wenig zu schmal?
Die Frage ist gut, sie ist genial,
halten Sie sich fest, wir versuchen's einmal,
und bleiben wir stecken, dat ISDOCHEJAL.

Hallo, Herr Ober, ist das Hecht oder Aal?
Wir sind doch auf See, das ist Hai oder Wal.
So klein ist so'n Tier, wie 'ne Hand maximal?
Sie als Einziger hier, in dem riesigen Saal,
wollen das wissen, dat ISDOCHEJAL.

Mir war vielleicht schlecht, nach dem herrlichen
Mahl,
ich geh mal zum Arzt, ich fühl mich fatal.
Sind Sie krank oder blau? Das Gesicht ist so fahl.
Geben Sie mal Urin, einen winzigen Strahl,
halt, das Glas läuft ja über, dat ISDOCHEJAL.

Der Arzt war schon Spitze, ein Griff ins Regal,
hier sind Saft oder Pillen, Sie haben die Wahl.
Exklusiv nur für mich? Find ich phänomenal.
Nun schlucken Sie schon, es wirkt optimal,
ob das hilft oder nicht, dat ISDOCHEJAL.

Ich ging zum Frisör, ja, das Schiff ist feudal.
Bitte oben und hinten nur ganz minimal.
Der Mann war perfekt, sein Schnitt radikal,
er konnte nicht aufhör'n, am Schluss war ich kahl.
Wie, Sie wollten Faconschnitt, dat ISDOCHEJAL.

Im Kasino da herrschte ein Ex-General,
er betuppte die Leute beim Spiel, kolossal.
He – German, komm setz dich und zeig Kapital.
Ist das nicht der Platz von dem Seeadmiral?
Der ging über Bord, dat ISDOCHEJAL.

Die Suche meiner Koje war katastrophal,
ich landete ganz unten, beim Schiffspersonal.
Wer hier sich verirrt, wirkt gleich asozial.
Sind <u>Sie</u> Fahrgast? Oder bist <u>Du</u> hier illegal?
Nun sperr ihn schon ein, dat ISDOCHEJAL.

Sie hat die Hosen an

Von Jugend an trägt meine Frau nur Hosen,
kann machen was ich will, sie trägt kein Kleid.
Sie sagt, sie sei dazu niemals bereit,
und schenkte ich ihr tausend rote Rosen.

Doch zu den Hosen trägt sie schicke Blusen,
die kauft sie sich auch gern, von Zeit zu Zeit.
Und fordre ich ein Kleid, dann gibt es Streit,
sie kann das Drängen einfach nicht verknusen.

Ein schönes Kleid seh' ich so gern bei Frauen,
das liegt wohl so im Blut bei einem Mann.
Ich darf jedoch nicht allzu lange schauen,

hab im Gefühl, was mir passieren kann.
Danach würd' ich mich lange nicht mehr trauen,
sie hat nun mal bei uns die Hosen an.

Ein neues Fahrrad

Obwohl ich von Jugend an Herrenrad fahre,
speziell für den Mann konzipiert,
riet man mir, bedenke die kommenden Jahre,
und was mit dir alles passiert:

„Es wird immer schwieriger ein Beinchen zu heben,
wie Herrenradfahrer es machen,
elegant über den Sattel zu schweben,
du hörst die Gelenke bald krachen."

Ich erklärte dem Verkäufer mein „ Aufstiegsproblem",
der konnte nur mitleidend nicken.
Er strengte sich an, man konnte es sehn,
dann fing sein Gehirn an zu ticken:

„Für ältere, leicht behinderte Männer,
gibt es Räder mit Tiefeneinstieg.
Ein Damenfahrrad, das ist doch der Renner,
und hilft der Vernunft zu dem Sieg.

Hier dieses Modell, das ist zwar für Frauen,
sie brauchen sich gar nicht zu sperren.
Wir werden ganz einfach den Sattel hoch bauen,
dann ist es für ältere Herren".

Ob Schaltung, ob Sattel, ob Lenker, ob Rahmen,
mit all` den Details war ich klar,
doch dann dieser Knackpunkt, ein Fahrrad für
Damen,
wo ich doch ein Herr immer war!

Ich probier's mal, ich will ja bequemer aufsteigen,
ansonsten ist alles ganz richtig.
Es fehlt was, ich kann mein Gefühl nicht
verschweigen,
die Herrenradstange ist wichtig.

Ein leeres Gefühl, so zwischen den Beinen,
meiner Frau konnt` es auch nicht gefallen.
Die fehlende Stange bracht` mich zum Weinen,
doch dann kam das Schlimmste von allem:

Frauen sehen lieber einen drahtigen Mann,
als einen ängstlichen, klapprigen, müden.
Sie passen genau auf und erkennen's daran,
ob „Mann" aufsteigt, wie pinkelnde Rüden.

Ich dreh` vor dem Kauf im Geschäft ein paar
Runden,
in Gedanken, ich weiß nicht wie lange.
Da hab` ich im Geiste das Ding schon erfunden,
die montierbare Herrenradstange.

So eine Erfindung soll sich ja lohnen,
kein einfacher Stangenersatz.
Deshalb hat das Ding auch zwei Funktionen,
es bietet der Luftpumpe Platz.

Für die erste Werbung im Wochen-Anzeiger,
braucht das Ding einen griffigen Namen;
„Luftpumpenetui für Tiefeneinsteiger"
kurz „LUFTI", die Prothese im Rahmen.

Der letzte Schrei

Ein Mensch schrieb gerne ein Gedicht,
doch Dichter nannte man ihn nicht,
man wollte ihn nicht hören.

Da er so sehr am Schreiben hing,
nannte man ihn Schreiberling,
so konnte er nicht stören.

Man sagte: Du bist nicht modern,
wir Dichter schreiben heut nicht gern,
man muss die Texte kürzen.

„Schreiberling" ist auch zu lang
flüsterte er etwas bang,
will mich ins Kürzen stürzen:

Er sagte sich: Das G muss weg
und ganz Berlin kriegt einen Schreck,
drum will ich beides streichen.

Nun fühlte er sich wirklich frei,
verstanden als der letzte „Schrei"
und einer ihres Gleichen.

Freiheit in „vier Zäunen"

Mein Schrebergarten ist mein Paradies,
verbringe meine Freizeit in „vier Zäunen".
Ein herrlich Leben, dass ich sehr genieß,
an Sonnentagen kann ich mich auch bräunen.
Mich zieht es selbst im Winter nicht nach Süden,
im Schrebergarten find ich meinen Frieden.

Bei Gartenarbeit komm ich stets zu Kräften,
statt Wanderstock benutze ich den Spaten.
Viel besser als vom Markt und aus Geschäften
schmeckt mein Gemüse, Obst und die Tomaten.
Die Arbeit macht mehr Freude als das Ruh'n,
sogar im Winter gibt es viel zu tun.

Im eignen Garten kann man sich erholen,
ich komm seit vielen Jahren täglich her.
Die Alltagssorgen bleiben mir gestohlen,
bei zu viel Stress, da lege ich mich quer.
Nur einmal ließ ich meine Frau zu Haus,
wir hielten es gemeinsam nicht mehr aus.

Doch wie es war im schönen Garten Eden:
Ein Mann allein? Ihm fehlt die Frau zum Glück.
Und diesen Rat, den geb' ich gerne jedem:
Lass deine Frau niemals zu Haus zurück.
Im Schrebergarten ist man stets ein Paar,
die Liebe blüht und das ist wunderbar.

Der Walnussbaum

Beim Nachbarn steht ein Walnussbaum,
man freut sich auf die Ernte.
Doch dies Geschäft, man glaubt es kaum,
ein Eichhörnchen erlernte.

Wenn morgens noch der Nachbar träumt,
kann es schon nicht mehr warten.
Schnell alle Nüsse weg geräumt,
versteckt in unserm Garten.

Zu guter letzt lässt dieses Tier
dem Nachbarn ein paar Nüsse.
Sonst steht der Baum bald nicht mehr hier,
so zieht es seine Schlüsse.

Wir wünschen heut dem Tierchen schon
für dieses Jahr viel Kraft.
So sorgt die „Nussverteilaktion"
für gute Nachbarschaft.

Flaches Land

Ich las fünfhundert Gedichte
der vergangenen hundert Jahre
deutscher Lyrik und Geschichte,
und nun rauf ich mir die Haare.

Wie in ‚Des Kaisers neue Kleider'
- in diesem Märchen steckt doch Sinn -
fehlen Reim und Rhythmus, leider,
nun seh' ich, welch ein Kind ich bin.

Denn was ich suchte musste fehlen,
der Kaiser ist absichtlich nackt.
Man will ja nicht bei Goethe stehlen,
moderne Kunst ist halt abstrakt.

Abstraktion von Farb` und Formen
find ich gewissermaßen schön.
Doch in Lyrik ohne Normen
kann ich nur den Unsinn seh`n.

So wie ein Handwerk ohne Können
steht die moderne Lyrik da.
Ich will ein Handwerker mich nennen,
und halte nichts von ‚Bla-Bla-Bla'.

Gestattet meine Herrn Autoren,
ich hab ja leider nicht studiert,
bei Ihnen vielleicht nichts verloren,
na ja - nun ist es halt passiert.

Peter Georg Wuillemet

Geboren 1938 als siebtes von acht Kindern einer Arbeiterfamilie, verlebte seine Kindheit in den Kriegs- und Nachkriegsjahren in Ratingen

Besuch einer kath. Volksschule 1944 bis 1953

Von 1953 bis Herbst 1956 Werkzeugmacherlehre

Bis 1964 Werkzeugmacher und Maschinenschlosser in Ratingen mit gleichzeitiger Vorbereitung in Abendschule für die Meister-Prüfung

1963 Maschinenbauermeister-Prüfung bei der Handwerkkammer Düsseldorf

Danach 35 Jahre Kundendienstleiter und Leiter der Technischen Beratung für Werkzeuge und Maschinen bei einem schwedischen Werkzeug-Konzern

Seit 1998 im Ruhestand

Verheiratet seit 1964, zwei Töchter, drei Enkelkinder

Gründung des Lyrikkreises „Baumberger Schreiberlinge"
im Jahre 2001

Nachwort

Bedanken möchte ich mich bei meinem Dichterfreund Erich Grund, der als Programmgestalter und Moderator des Lyrikkreises „Baumberger Schreiberlinge" unsere bisher über dreißig öffentlichen Lesungen hervorragend gestaltete, das Korrekturlesen meiner Texte übernahm und mir spontan folgendes Sonett schrieb:

Dichten als Quelle der Lebensfreude

In Reim und Rhythmus meisterhaft zu dichten
ist Lebensfreude Dir und Elixier.
Deshalb bringst Du Sonette zu Papier,
auf diese Reimart magst Du nicht verzichten.

Du schaffst es, Deine Verse so zu richten,
in fachgerechter Form und mit Manier,
- die Reinheit aller Reime im Visier -,
dass sie die Schönheit Deines Werks belichten.

Dein neues Buch ist keine Bagatelle,
als Zeugnis Deines Könnens Dokument,
Sonett und Limerick, an jeder Stelle
gelangen sie als Beispiel exzellent.

Der Titel Deines Buchs ist Dir die Quelle,
und dafür heut mein großes Kompliment.

Erich Grund

Dass dieses Buch entstanden ist, verdanke ich aber in erster Linie meiner Tochter Annette, die mich bei der praktischen Umsetzung der Bucherstellung, besonders bei den PC-Arbeiten, hilfreich unterstützt hat.

Peter Wuillemet